Helge Jepsen

Não se preocupe!

Tradução
Alexandre Pagliuca Gomes

PRUMO
momentos

Título original: *Dont't worry*

Originalmente publicada pela Hoffmann und Campe Verlag, Hamburg.

Direção editorial
Soraia Luana Reis

Editora
Luciana Paixão

Editora assistente
Valéria Sanalios

Assistência editorial
Elisa Martins

Criação e produção gráfica
Thiago Sousa

Assistente de criação
Marcos Gubiotti

CIP-Brasil. Catalogação-na-fonte
Sindicato Nacional dos Editores de Livros, RJ

J53n Jepsen, Helge
Não se preocupe! / Helge Jepsen; tradução Alexandre Pagliuca Gomes. - São Paulo: Prumo, 2008.
il. color

Tradução de: Don't worry
ISBN 978-85-61618-36-0

1. Conduta. 2. Meditações. I. Título.

08-4103. CDD: 158.1
CDU: 159.947

Direitos de edição para o Brasil:
Editora Prumo Ltda.
Rua Júlio Diniz, 56 - 5º andar – São Paulo/SP – Cep: 04547-090
Tel: (11) 3729-0244 - Fax: (11) 3045-4100
E-mail: contato@editoraprumo.com.br / www.editoraprumo.com.br

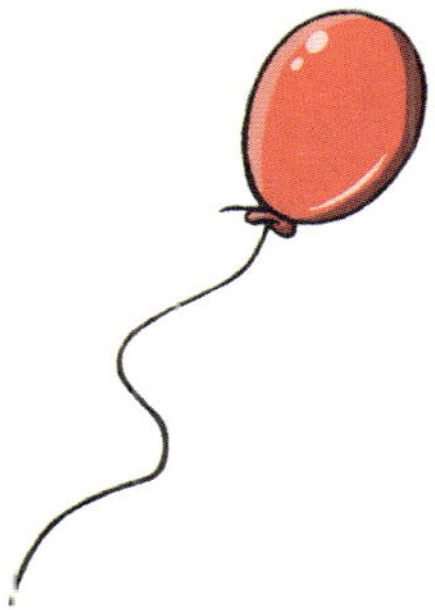

Diga bom dia!

Não se deixe abater.

Mantenha a consciência
e as roupas limpas.

Leve na esportiva.

Descubra coisas em comum.

Curta a natureza.

Deixe-se levar.

Abra caminho para os outros.

Vá a fundo.

Dê algo em troca.

Não esquente.

Chame a atenção.

Deixe-se emocionar.

LOVE
STORY

Desfrute o silêncio.

Pense bem antes de agir.

Não estresse.

ec

Não desista.

1000
peças

Fique frio.

Aprenda durante toda a vida.

123

Agüente firme.

Às vezes deixe-se sujar.

Agradeça sempre.

Pipoca

Olhe adiante.

Passe por cima do seu orgulho.

Deixe que as coisas venham até você.

Procure caminhos.

São Paulo
Rio de Janeiro
?

Leia um livro.

Cuide de você.

Não esconda seus medos.

BAR

Preocupe-se menos,
evite cabelos brancos.

Torne a vida dos outros mais divertida.

Olhe o mundo por outros ângulos.

Relaxe, no final tudo dá certo.

Procurado

Ouça o que as flores têm a dizer.

Dê grandes saltos.

Seja gentil.

Divida com os outros.

Caixa

Conte até cinco.

Desligue-se.

Permita-se um drink.

Não fuja.

Não se entregue, não naufrague.

Dê um jeito no tempo.

Tome uma xícara de chá.

Deixe tudo azul

Relaxe, mesmo nos momentos difíceis.

Revele-se.

Fuja da rotina.

Fique ligado.

Diga até logo.